लिख कुछ जज़्बात

अनीश झा

राजमंगल प्रकाशन

An Imprint of **Rajmangal Publishers**

ISBN : 978-8194617068

Published by :

Rajmangal Publishers

Rajmangal Prakashan Building,
1st Street, Sangwan, Quarsi, Ramghat Road
Aligarh-202001, (UP) INDIA
Cont. No. +91- 7017993445

www.rajmangalpublishers.com

rajmangalpublishers@gmail.com

sampadak@rajmangalpublishers.in

प्रथम संस्करण : अगस्त 2020

प्रकाशक : राजमंगल प्रकाशन

राजमंगल प्रकाशन बिल्डिंग, 1st स्ट्रीट,

सांगवान, क्वार्सी, रामघाट रोड,

अलीगढ़, उप्र. – 202001, भारत

फ़ोन : +91 - 7017993445

First Published : Aug. 2020

eBook by : Rajmangal ePublishers (Digital Publishing Division)
Cover Design : Rajmangal Arts

Copyright © अनीश झा

लिख कुछ जज़्बात

मैं को खोया, तो मैं क्या पाया,
मैं से जुदा होकर ही, मैं समझ पाया।

ख़ुद की तलाश में, भटकता है ये दिल,
काश ख़ुद से मिल पाऊँ, तो हाल-ए-दिल बयां करूँ।

1.

लिख, क्योंकि
तेरी क़लम में छिपा एक पैग़ाम है,
तेरे सीने में दबा एक तूफ़ान है,
तेरे दिल में धड़कते कुछ अरमान हैं।

लिख, क्योंकि
तुझे आंकड़ों की नहीं, धड़कनों की ख़बर है,
तुझे चन्द साँसें ही सहीं, पर जीने की तलब है।

लिख, क्योंकि
तेरे अरमान आसमान में उड़ता एक परिंदा हैं,
तू लिखता है इसीलिए तो तू ज़िन्दा है,
तू आज एक ख़ाली पर्चा है,
जो एक दिन तो परचम बन कर लहराएगा,
एक दिन तो तू अपनी लिखावट की महक से,
कई दिलों की सूनी बग़िया में ख़ुशबू के फूल खिलाएगा।

लिख, क्योंकि
भले ही दिखती तेरी आँखों में नरमी है,
छिपी तेरे सीने में लौह की गर्मी है,
जब तक ना तू इनको शब्दों से पिघलाएगा,
तू कैसे लोगों के अंदर की मशाल को जलाएगा।

लिख, क्योंकि

तू आज लिखेगा तो कल कोई तो पढ़ेगा,

तू आज बोलेगा तो कल कोई तो सुनेगा,

तू आज बीज बोएगा तो कल कोई तो फल खाएगा।

फिर क्या फ़र्क़ पड़ता है कि वो कौन है,

वो अपने जिगर का टुकड़ा है या

किसी अंधेरे चौराहे पर

उजाले के इंतज़ार में खड़ा एक मौन है।

गर तेरे शब्दों से किसी की मायूस ज़िन्दगी में,

दो पल को उम्मीद का लौ जला,

तो लिख क्यों सोचता है,

क्योंकि देखो तो सब अपने,

नहीं तो यहाँ किसका कौन हैं।

लिख
क्योंकि तू लिखता है,
इसलिए तो तू है।

~~

2.

अरे हुज़ूर, किधर जा रहे हैं,

जरा सी ठोकर लगी कि बिखर जा रहे हैं,

अरे हुज़ूर, किधर जा रहे हैं,

सच्चाई के बोझ तले ना सँभल पा रहे हैं।

किसने कहा था कि मंज़र पास होगा,

किसने कहा था कि रास्ता आसान होगा,

किसने कहा था कि बंद आँखों के सारे ख़्वाब पूरे

और आँखें खुली तो क़दमों में यह जहान होगा।

किसने कहा था कि तुम्हें ना आग से गुज़रना होगा,

किसने कहा था कि तुम्हें ना वक़्त के थपेड़ों को सहना होगा,

किसने कहा था कि तुम ना गिरोगे

और गिरकर दर्द की दरिया में ना बहना होगा।

जब किसी ने ना तुमसे ये सब वादा किया,

फिर क्यों तुमने ख़ुद से ही हारने का इरादा किया।

हो सके, तो दो पल को ठहरो,

चंद राँरों गिनो और याद करो,

तुमने ही तो कहा था,
कठिनाईयाँ तो हैं पर जीत मेरी होगी,
उन्मादों का शोर है पर उमंगों का गीत मेरा होगा,
हर तरफ घना अंधेरा है पर इन अंधेरों के परे
बादलों को चीर चमचमाने की रीत मेरी होगी।

गर जज़्बातों में था तुम्हारे इतना दम,
तो क्यों आज छोटी सी एक तकलीफ़ से
लड़खड़ा रहे तुम्हारे यह क़दम,
क्यों मायूसीयत की चादर ओढ़
कर ली हैं तुमने आँखें नम।

तुमने ही तो कहा था,
लड़ते रहेंगे जब तक है सांसों में गर्मी
और लड़कर जीतेंगे तूफानों से हम।

फिर एक बार उठो, अपनी आवाज़ को जगाओ,
फिर से अपने क़दम काँटों पर आगे बढ़ाओ,
कोशिशें करो, लड़ते रहो,
जब तक ना हो मज़िलें फतेह
और जब तक ना तुम अपनी जीत का जश्न मनाओ।

क्योंकि तुम्हें हो ना हो यकीन,

हमको तो यह एतबार है,

मंज़िलें आज भी वहीं हैं,

और मंज़िलों को आज भी तुम्हारा इंतज़ार है।

पर शायद मंज़िलों को जाने के रास्ते,

वह नहीं है हुज़ूर, आज आप जिधर जा रहे हैं।

अरे हुज़ूर, किधर जा रहे हैं।

~~

अनीश झा / 11

3.

चन्द साँसों की तलबगार है ये ज़िन्दगी,

दो घूँट तुम चखो, दो हम चख लें।

गर ख़ुदा एक है जिसकी करनी है

हम सबको बंदगी,

तो दो आयते तुम पढ़ो,

दो भजन हम सुन लें।

गर हमारे लहू का है एक ही रंग,

गर धड़कती है हम सब के सीने में

एक ही धड़कन,

गर लगती हम सबको है सर्दी और गरमी,

गर होती हम सब पर ही बरसात है।

गर हम सब को ही नहीं पता,

कहाँ से आए और कहाँ चले जाना है,

कौन सी मिट्टी से बने है और

कौन सी मिट्टी में मिल जाना है।

फिर क्यों इश्क़ की धीमी ख़ुशबू की जगह

आसमाँ में फैला नफ़रत का सैलाब है,

क्यों मोहब्बत की मीठी धुन पर न थिरक,

थिरकते नफ़रत के अंगारों पर ये पाँव हैं,

क्यों हर कोई हमें लगता ग़ैर है,
क्यों छोटी-छोटी बातों से रखते
हम ज़िन्दगी भर का बैर है,
क्यों नहीं हमें इस बात की ख़बर है।

ऐ इन्सान

धुआँ बनकर एक दिन तू चला जाएगा,
तेरे पीछे न कुछ रुकेगा,
ना कोई ज़िन्दगी भर रोता रह जाएगा।
ना जाने कब तू ये बात समझ पाएगा!

क्या गीता क्या कुरान
छिपा दोनों में एक ही पैग़ाम,
हक़ के लिए लड़ो
पर लड़ाई को हक़ ना बनाओ।
नफ़रत से इश्क़ ना लड़ाओ,
मोहब्बत का दामन पकड़
चमन में दोस्ती के फूल खिलाओ।

क्योंकि चाहे अल्लाह कहो या राम,
दोनों तो है एक ही वजूद के नाम।
~~

4.

एक ख़्वाब ही तो है,

जो आज भी ज़िन्दा है,

बाक़ी तो ना जाने क्यों,

ख़ुद से हम ख़ुद भी शर्मिंदा हैं।

किस मोड़ पर चले थे हम,

किस मोड़ तक जाना है,

इस रुकी हुई ज़िन्दगी का,

अपना ही कुछ बहाना है।

रोज़मर्रा की इस लड़ाई में

किसकी जीत किसकी हार,

हमें तो हर तरफ दिखता

बस उलझनों का ताना-बाना है।

तुमसे तो कुछ ना मांगा था

ऐ ज़िन्दगी,

राह भी हमने चुनी,

मंज़िल भी हमने चुने,

चाल भी हमने चुनी,

रफ्तार भी हमने बुने

फिर क्यों ऐसा हुआ,
कि चंद पल की ख़ुशियों से,
थम सी गई तुम ज़िन्दगी,

अभी मीलों का सफ़र बाक़ी है
पर कौन सी बेड़ियाँ हैं,
कि बढ़ते ये क़दम आगे नहीं।

क्यों अपनी ही बनाई
लकीरों के दायरे में,
सिमटती जा रही ये साँसें

क्यों दूर चमकते तारे तो हैं
पर उन तारों को छूने की,
अब चाहत होती नहीं

क्यों हर तरफ दिखता है बस अंधेरा
और उस अंधेरे में छिपा
कोलाहल का शोर है
क्यों उस अंधेरे के परे
हसरत नहीं कि देखें
कौन सी सुनहरी भोर है।

अनीश झा | 15

तुम ऐसी तो न थीं ऐ ज़िन्दगी
तुमको तो ना लगता था अंधेरों से डर,
कोशिशें करने को रहते थे,
हर वक़्त तुम्हारे बाज़ू तत्पर।

फिर क्या हो गया कि
आज उम्मीदों के सारे दायरे अदृश्य हैं,
बस ख़्वाब ही बचे हैं,
जिसमें आज भी है बसता,
वो सतरंगी परिदृश्य है।

एक ख़्वाब ही तो है,
जो आज भी ज़िन्दा है,
बाक़ी तो ना जाने क्यों,
ख़ुद से हम ख़ुद भी शर्मिंदा हैं।
~~

5.

गिरा हूँ मैं, डरा तो नहीं,
नाउम्मीदी से भरा तो नहीं।

जीतने का हौसला है,
और हौसले की उड़ान है,
खोल दूँ तो हथेली पर चंद लकीरें है,
बंद कर दूँ तो इन,
मुट्ठियों में दबा एक तूफान है।

लाख़ कोशिशें कर लो और
कर दो हमें दफन ज़मीन के अंदर,
ये आवाज़ फिर भी गूँजेगी।

आखिर ये जिस्म क्या है,
मिट्टी का एक टुकड़ा,
हमारी हुंकार को दबा सके,
ऐसा पिंज़रा तो नहीं।

गिरा हूँ मैं, डरा तो नहीं,
नाउम्मीदी से भरा तो नहीं।

~~

अनीश झा | 17

6.

ऐ बारिश तू फिर से आ,

सूनी आँखें भर कर जा,

ऐ बारिश तू फिर से आ।

सूख गया है मन के अंदर,

हसरतों का एक समंदर,

दो बूँद उम्मीदों के फिर से छलका,

ऐ बारिश तू फिर से आ।

ये कैसी है व्यथा,

ये कैसी है विडम्बना,

हम को ना है पता,

क्यों टूट रहा हर एक सपना,

एक बार फिर से मौसम में जादू बिखरा,

ऐ बारिश तू फिर से आ।

इस ज़मीन के परे,

दूर आसमान तक का है अपना ये सफ़र,

नजरें है ढूँढ़ती ना जाने हमको जाना है किधर,

जाने से पहले एक बार तो,

अपनी मखमली चादर में हमको लिपटा

ऐ बारिश तू फिर से आ।

~~

7.

इस जमाने के फ़लसफ़े
ने हमें रोक लिया,
वरना मुझे तेरा एक दीदार
ही काफी था,
उस रब की इबादत के लिए।

मर् के जन्नत की ख़्वाहिश
तो हर कोई करता है,
तुझसे रुबरु हो जाऊँ,
तो और जन्नत में क्या रखा है।

मैंने पूछा ख़ुदा से,
ऐ ख़ुदा!
मेरी इबादत में क्या कमी रह गई,
जो उसकी डोली से पहले,
मेरा जनाजा ना उठा।

ख़ुदा बोला,
ऐ इंसान!
जिस रब को तू पूजता है,
वह तेरी कब्र पे आकर,
अगर अश्क बहाती,

तो उस अश्कों की धारा में,
मेरी जन्नत ही बह जाती।

तू तो रह जाता, बनके एक इल्म
इस जमाने में,
तेरे चक्कर में मेरी ख़ुदाई
ना रह पाती।

~~

8.

कुछ ख़्वाब बसा सबकी आँखों में,
हर ख़्वाब का अपना ही एक रंग।

कुछ नीला, कुछ पीला,

कुछ गहरा चटकीला,

कुछ हँसता, कुछ रुलाता,

कुछ धीमे से कुछ कह जाता,

कुछ सरगम, कुछ मध्यम,

कुछ अपने ही सुर में गाता,

कुछ पूरा, कुछ अधूरा

कुछ का वजूद ही समझ नहीं आता।

कहता हूँ मैं आज यह सब से

उठो, जागो, दुनिया को देखो,

दुनिया आज भी वही है,

पर तुम कहाँ हो,

सूरज आज भी वही है,

पर तुम्हारा नामोनिशान नहीं है।

ठोकरें खाओ, पर बढ़ते जाओ,
क्योंकि एक दिन तो तुम्हें
सितारों के आगे चलना है,
एक दिन तो तुम्हें
अपने अधूरे ख़्वाबों में रंग भरना है।

~~

9.

इन गलियारों में बसी है चंद यादें
कुछ तेरा कुछ मेरा,
इन हवाओं में घुली है चंद साँसें
कुछ तेरा कुछ मेरा।

तेरे घर के छत पर टंगी है चंद बातें
कुछ तेरा कुछ मेरा,
मेरे घर के आँगन में खेली है चंद रातें
कुछ तेरा कुछ मेरा।

जाने-अनजाने कई बात
कह गई बचपन की वो मुलाकातें
कुछ तेरा कुछ मेरा।

कभी हँसाती कभी रुलाती
कभी धीमे से कानों में
कुछ कह जाती वो यादें
कुछ तेरा कुछ मेरा।

आज बैठे तो हम पास हैं
पर होता क्यों ये एहसास है
कुछ दूरियाँ सी आ गई है

कुछ क़दम थम से गए हैं
कुछ आँखें नम सी गई है
कुछ तेरा कुछ मेरा।

क्यों लगता है कि बचपन की वो नादानियाँ
आज उम्र की समझदारी से ज़्यादा मीठे थे,
लड़ते तो हम तब भी थे
पर इतनी देर को तो हम कभी ना रूठे थे,
क्यों हम में से किसी ने ना बढ़ाया वो हाथ
जो एक वक़्त कभी भी ना छूटा करते थे।

क्यों लगता है कि
थोड़े-थोड़े हम दोनों सही
थोड़े-थोड़े थे हम दोनों गलत,
आओ मिलकर सुधारे वो गलतफहमियाँ
गर वक़्त ने दी है हम को फिर से एक मोहलत।

चलो एक बार फिर से
बचपन के उन
गलियारों में खो जाते हैं,
कोई और चले ना चले
हम एक दूजे के संग हो जाते हैं,
कसके पकड़ना मेरा यह दामन
तुम अब की बार

जुदा हो ना हम चाहे
कर ले कोई कोशिशें हजार।

क्योंकि कोई माने ना माने
हमको तो है ये एतबार
चाहे कैसे भी हो जाए अपने हालात
तेरे और मेरे सीने में
धड़कते है एक ही जज़्बात,

कुछ तेरा कुछ मेरा।

~~

10.

इस दिल के दरवाज़े पर
फिर किसी ने दस्तक दी है,
एक बार फिर ना जाने क्यों,
किसी पर ऐतबार करने को,
जी चाहता है।

तुम्हारे चले जाने के बाद,
जिन गलियों को,
हम भूल चले थे,
एक बार फिर ना जाने क्यों,
उन गलियों में खो जाने को,
जी चाहता है।

ये मोहब्बत का गुलिस्ताँ,
फिर से ना खिल पाएगा,
ये सोचकर हम जिया करते थे,
एक बार फिर ना जाने क्यों,
किसी की चाहत में खो जाने को,
जी चाहता है।

तुम तो नहीं पर तुम्हारी सोच है,

जो रुहानियत बनकर,

मेरी ज़हन में रहती है,

एक बार फिर ना जाने क्यों,

तुम्हारी सोच में खो जाने को,

जी चाहता है।

~~

11.

मैंने ज़िन्दगी से पूछा –

उसके ना होकर भी होने का,
एक एहसास है,
जो ख़ुशबू बनकर रहती,
दिल के पास है।

पर दिल तो एक परिंदा है,
जो आँखों की नमी में ज़िन्दा है।

जिस दिन ये दरिया सूख जाएगा,
ऐ ज़िन्दगी,
उस दिन इन हाथों से,
तेरा दामन छूट जाएगा।

ज़िन्दगी बोली -

तू तो एक दरिया है,
जो एक दिन तो
सागर में मिल जाएगा।

तेरे तट के निशान पर,
एक दिन ये दुनिया
अपना जहाँ बसायेगा।

हमसे एक दफा,
मोहब्बत करके तो देख,
ऐ रकीब।

जिस ख़ुदा को तू ढूँढता है,
वो तुझे मेरे दामन में नज़र आएगा।
~~

12.

आज भी तेरे शहर का हर एक रहगुज़र
कुछ अपना सा लगता है।
जैसे धूप से भीगी सर्द दोपहर
कुछ अपना सा लगता है।

वक़्त गुज़र चला, बातें बीत गईं,
पर उन बीती हुई बातों की यादों का पुलिंदा,
आज भी कुछ अपना सा लगता है।

नफा-नुकसान के दो पाट में
पिस सी गई है ज़िन्दगी,
जो मिला वो लगा कम
जो ना मिला उसका रहा गम
बात-बेबात हुई ये आँखें नम
फिर भी जीवन की अंधी खाई में
आँखें मूँद दौड़ते रह गए हम।

पर इस खोने पाने हँसने और रोने
की कोलाहल के बीच, तेरे साथ गुज़ारी
उन अनकही ख़ामोश जज़्बातों का सफ़र
आज भी कुछ अपना सा लगता है।

~~

13.

सुनो!
एक इल्तजा करूँ मैं तुमसे,
हमें देख कर यूँ ना रहा करो तुम गुम से।

तुमको हो ना हो यकीं,
हमको तो ऐतबार है।
गर सच्ची है मेरी मोहब्बत,
तो एक दिन खींच लाएगा तुम्हें,
इन धड़कनों को तो बस,
उस एक दिन का इंतज़ार है।

मुद्दतें बीत गई तेरे इंतज़ार में,
पर एक दिन तो रूबरु होगी तू,
आज भी ज़िन्दा हूँ मैं इस एतबार में।
~~

14.

तन की मुफ़्लिसी का क्या गम है,
मन की मुफ़्लिसी से डरिए साहेब।

आपको देखकर वो ना मुस्कुराए तो क्या ग़म है,
लोगों की झूठी हँसी से डरिए साहेब।

आपकी अदाओं से वो ना पिघले तो क्या ग़म है,
लोगों की बेबाक मदहोशी से डरिए साहेब।

गर सुबह आई है तो शाम को भी आना है,
चाहे ना चाहे इस दिन को ढल जाना है,
रात की बात गर लगे नामुमकिन
हो पाना दिन में मुकम्मल,
ऐसी बातों को कहने से डरिए साहेब।

एक मैं ही हूँ जो हर पल तुम्हारे साथ है,
मुझ में ही बसा है वो
जिसकी तुझे सदियों से तलाश है,
मन की बातें हैं मन ही समझ पाएगा,
कुछ और रहे ना रहे,
अंतर्मन को खोने से डरिए साहेब।

~~

15.

मेरे शब्दों का मोल
चंद सिक्कों से क्या लगाओगे,
इन शब्दों की रूह में बसा
तेरे ही जीवन का तो भावार्थ है।

आने वाले कल की तलाश और
बीते हुए कल के संताप के बीच,
मेरे शब्दों ने ही तो बनाया
तेरे जीवन को चरितार्थ है।

जिसका ना कल पतन हुआ,
जिसका ना कल उद्धम होगा,
वो वक़्त है जो सदा
वर्तमान में ही विद्यमान है।

मैं और वर्तमान की तेरे इस जद्दोजहद के बीच,
मेरे शब्दों की उँगलियाँ पकड़,
क्योंकि मेरे शब्दों से बेहतर
कोई तेरे जीवन का ना हितार्थ है।
~~

16.

कुछ दर्द से गुज़रे हैं,
कुछ दर्द से गुज़र के जाना है।

ज़िन्दगी तुझे जीने का फलसफा ये पुराना है।

ख़ुशियों की चंद घड़ियाँ मिलें,
तो लगता कैसा समा ये सुहाना है,
फिर आँख खुली और फिर उन्हीं रास्तों पर,
उन्हीं ठोकरों को खाते जाना है।

ज़िन्दगी तुझे जीने का फलसफा ये पुराना है।

अपनी भी दोस्ती हो जाती,
गर मेरे ख़्वाबों और मेरे हक़ीक़तों में सुलह हो जाती,
पर तूने ऐसा होने ना दिया,
जब ख़्वाब बड़े तो जीने ना दिया,
जब हक़ीक़तें बड़ी तो मौत ने गले लगा लिया।

आख़िरी दम तक हम ये समझ ही ना पाए,
कि ख़्वाब और हक़ीक़तों की इस खींचातानी में ही,
तेरा साथ निभाना है।

ज़िन्दगी तुझे जीने का फलसफा ये पुराना है।
~~

17.

दिल को दोष क्यों दे,
जब आँखों का कसूर था।
वो मोहब्बत की जुस्तजू थी,
या तेरी अदाओं का सुरूर था।

तेरी एक झलक पाने के इंतज़ार में,
ताउम्र भटकने को हम तैयार थे।
जब नज़रें मिली तो
यूँ बेपरवाह होकर तुम चल दिए,
कि लगा अपनी मोहब्बत के
हम ख़ुद ही गुनहगार थे।

आज पूछता है हमसे ये काफ़िर मन
की काफ़िर कौन है?
हमें तो तुझ में ही ख़ुदा नज़र आया,
फिर क्यों आज ये मेरा ख़ुदा,
मेरी रुसवाई पर यूँ मौन है।

~~

18.

एक रात की कहानी है,
कुछ नशा है कुछ जवानी है।
अंधा कुआँ है ये जिसमें गहरा पानी है,
कुछ नशा है कुछ जवानी है।

सरगोशी का आलम है,
मोहब्बत का फसाना है,
कैसे नज़रें बचाएँ हम
जब ताक में बैठा ये जमाना है।

दुनिया की रस्मोरिवाजों से दूर,
तुझे अपने दामन में लपेटे बैठे हैं,
एक दिन तो तुम्हें चले जाना है,
फिर तो बस तुम्हारी यादों की लिखावट से,
इस दामन को दागदार बनाना है।

कितना अरसा गुज़र गया,
पर न जाने अब भी ऐसा लगता है क्यों,
कि ये एक रात की ही कहानी है,
कुछ नशा है कुछ जवानी है।

जल्द ही ये सुनहरी शाम भी ढल जानी है,

फिर तो बस वो अंधा कुआँ,

और उस कुएँ में भरा,

मेरी आँखों का बहता पानी है।

~~

19.

कई मुददतों के बाद
आज फिर सीने में उठी है वो ख़लिश,
लगता है कि दिल के किसी कोने में,
जज़्बात अब भी ज़िन्दा है।

हमने तो कर ली थी सुलह,
ज़माने के रस्मोरिवाज़ों से,
पर ऐ ज़िन्दगी,
एक दफ़ा तुझे खुल के
जीने के ख़यालात अब भी ज़िन्दा हैं।
~~

20.

कभी हवा बनकर,

कभी घटा बनकर,

इठलाती, लहराती, बलखाती,

कभी इस दर्द-ए-दिल की दवा बन कर,

तुम रोज़ चले आते हो

हमारे ख़्वाबों में,

बनकर एक ख़याल।

जिस में समेटे बैठा हूँ मैं,

मेरे टूटे दिल के टुकड़े।

जहाँ से तुम चले गए

तुम्हारी अधूरी वफ़ा बनकर।

~~

21.

तेरी आँखों में छिपे कुछ सवाल थे,

मेरे दिल में भी बसे कुछ ख़याल थे,

हसरत थी कि एक दिन तो ऐसा आएगा,

मेरे ख़यालों से तेरे सवालों की

गिरह सुलझ जाएगी।

पर वक़्त की आपाधापी में,

ज़िन्दगी कहीं थम सी गई है,

ना चाहते हुए भी क्यों,

इन आँखों में ओस की कुछ बूंदें

जम सी गई हैं।

तुमने तो अपने इश्क़ का दामन बढ़ाया था,

पर शायद हमारे चमन में ही

ख़ुशियाँ न लिखी थी,

जो अब तुम्हारी आँखों में कुछ ख़यालात और

मेरे दिल में कुछ सवालात बसर करते हैं।

~~

22.

सुनो,
कुछ गुफ़्तुगु करनी थी तुमसे,
हाँ तुमसे!

वो जो दूर मुझसे चौथे टेबल पर,
तुम बैठी हो रूठी सी
उलझी हुई कुछ सवालों में,
तुझे देख कर लगता है जैसे
खोई हो तुम अनचाहे से ख़यालों में।

एक कॉफी का प्याला
तुम्हारे सामने पड़ा है एक मेरे,
एक निवाले का टुकड़ा
तुम्हारे सामने पड़ा है एक मेरे,
कुछ कशमकश सी तुम्हारे अंदर भी है
कुछ कशमकश सी मेरे भी।

एक मेरी नज़रें हैं जो ना जानें कब से
टकटकी लगाए तुम्हें देख रही है,
और एक तुम्हारी नजरें हैं
जो दुनियादारी से दूर
लोगों की नजरों से बेख़बर

अनीश झा | ५१

कांच के दरवाज़े के उस पार
बारिश में गीली सूनी सड़क से
न जाने किस का पता पूछ रही हैं।

प्याले के किनारे पर टिकी तुम्हारी उँगलियाँ
ना जाने क्या बयां करने की कोशिश कर रही हैं,
ऐसा लगता है जैसे तुम्हें किसी का इंतज़ार है,
आखिर वो कौन है जिससे मिलने को
तुम्हारा मन इतना बेकरार है।

सुनो
कुछ गुफ़्तुगु करनी थी तुमसे,
हाँ तुमसे।
~~

23.

ये जीवन तो है रहगुज़र,

इससे हम सबको जाना है गुज़र,

ये पल दो पल का है सफ़र,

इससे हम सबको जाना है गुज़र,

यहाँ ना जन्मों का बसर,

इससे हम सबको जाना है गुज़र।

जब आँख खुली से जब तक आँखें मूँदीं,

क्यों हर बात का होता रहा असर,

इससे हम सबको जाना है गुज़र।

कुछ ख़्वाहिशें कुछ फ़रमाइशें,

कुछ इल्तिजा कुछ खोने की व्यथा,

कुछ ना कहा सहते रहे हर एक सजा,

बैरागी मन को क्या था पता,

आखिर ये जीवन तो है रहगुज़र,

इससे हम सबको जाना है गुज़र।

24.

हम इंसानो की फ़ितरत ही क्या,

एक दिन तो ढल जाना हैं,

ये महफिलों का दौर,

ख़ुशियाँ और यादें समेटने का

अच्छा एक बहाना हैं।

नये कपड़े पहन,

दो जाम उठा,

अपनों के गले मिल,

दो प्यार की बातें कर,

चल कर ले धड़कती यादों को आबाद।

हमारी तो बस यही एक दुआ है

ख़ुशियों से आपका ये जीवन रहे हरपल आबाद,

आपको हमारी तरफ से,

इस दिन की हार्दिक मुबारकबाद।

~~

25.

कैसा है ये शमा,
कैसा है मंज़र यह सुहाना,
लगता है किसी दीवाने ने
लिखा हो अपने दिल का अफसाना।

दूर तक फैली हरियाली का ही नज़ारा,
ओढ़ के बादलों की चादर इन पहाड़ों ने है
फिर किसी को दिल से पुकारा।

जी करता है कि इन वादियों में कहीं खो जाऊँ,
आज तेरी यादों में कुछ नया नज़्म सुनाऊँ।

इन वादियों में गूँजती आज भी तेरी आवाज़ है,
तुमसे मोहब्बत है यह बोला तुमने और
बोल कर छोड़ दिया दामन इस बात का एहसास है।

वो एक छोटी सी भूल थी,
पर उस भूल की टीस
आज भी चुभी इस सीने में,
वो रफ्तार की एक जोश थी,
जिसका क़र्ज़ कभी ना चुका पायेंगे,
क्या रखा ऐसे जीने में।

अनीश झा | 45

साथ गिरे इस खाई में,
साथ ही दम तोड़ा था,
फिर कहाँ तुम धुआँ हुए,
छोड़ कर हमको इस गहराई में।

~~

26.

एक उम्र-ए-तिफ़्ल से गुज़रे हैं,
एक उम्र-ए-तिफ़्ल तक जाना है।
इस दो पहर की ज़िन्दगी का,
अपना ही फसाना है।

तन की मुफ़्लिसी तो समझे साहेब,
मन की मुफ़्लिसी का क्या बहाना है।
चन्द बेगैरत की बातों में आ कर,
क्यों गुमराह हो रहा ये जमाना है।
~~

27.

बड़ी शिद्दत से इस दिल को सँभाला था हमने,
पर बारिश की चार बूँदें गिरी और
यह कमबख़्त फिर से
तेरी यादों के साथ फिसलता चला गया।

तुम लौट के नहीं आओगी
इस बात का हमको तो है यकीन,
फिर क्यों ये बात इन बारिश की बूँदों
और तेरी यादों को समझ आती नहीं।

~~

28.

चल एक बार फिर से आवाज़ उठाते हैं,
दो बूँद आँसू से अपने अंदर की मशाल को जलाते हैं।

हर तरफ है फैला झूठ का अंधेरा,
चल एक बार फिर इस अंधेरे को चीरने
सच्चाई की चाँदनी बिखराते है।

कितने ख़्वाब दबे इस सीने में,
क्या रखा है ऐसे घुट-घुट के जीने में।

ना हवाओं पे यकीं,
ना घटाओ पर ऐतबार है,
हमें कठिनाइयों से तो डर नहीं,
पर होती अब हिम्मत नहीं।

क्योंकि तुम मानो या ना मानो
ऐ ज़िन्दगी,
हमें अब भी तुझसे प्यार है।
~~

29.

अपने मोहब्बत की दास्तां,
क्या बयां करें इस जमाने में,
क्या रखा है हमारे अधूरे फसाने में।

ये इश्क़ की गलियाँ है,
ऐ मेरे दोस्त,
यहाँ सँभल के पांव रखना,
अच्छे-अच्छे गिर पड़े,
यहाँ अपनी गिरेबान बचाने में।
~~

30.

आज फिर कुछ पुरानी किताबों के बीच,
उसकी दी हुई डायरी नज़र आई।

कुछ पन्नों को पलट के देखा,
तो धूल की एक परत के बीच।

शब्दों के भाव से ज़्यादा,
आज भी उसकी ऊँगलियों की

ख़ुशबू का अहसास छिपा था।

~~

31.

एक उम्र थी, जो गुज़र गई,
तेरे इंतज़ार में।

एक दिल है, जो आज भी ठहरा है,
तुझसे फिर,
रुबरु होने के एतबार में।

अगर हो सके, तो एक दफा,
दीदार तो दे दे।
आज भी वो चाँद छुपा बैठा है,
बादलों की आड़ में।

ये जायज नहीं,
कि तुम हम पर ऐसा जादू करो।

हम मसरुफ थे,
दुनिया की गुफ़्तुगु में,
पर चंद लम्हों की वापस मुलाकात में,
तुम्हारी ख़ामोश आँखों ने,
हमें फिर से मदहोश कर दिया।

मोहब्बत की अधूरी अपनी दास्तान है,

इसमें बसी दो दिलों की अरमान है।

यकीन है मुझे कभी तो मिलेंगे,

जीवन और मरण के परे,

कहीं तो अपना भी एक जहान है।

~~

32.

एक मोड़ पर आकर,

थम सी गई है ज़िन्दगी,

ना रास्ते का पता, ना मंज़िल का।

अपनी अधूरी मोहब्बत,

का है ये फलसफा,

अपना भी एक मुकम्मल जहाँ होता,

गर मिल पाती इसमें तेरी वफ़ा।

बूँद-बूँद को प्यासी,

कतरों कतरों में गुज़र रही है ये ज़िन्दगी,

अगर हो सके,

तो अपनी मदहोश आँखों से,

दो घूँट हमें भी पिला दे,

क्या पता, तेरे आगोश में आकर,

फिर से इस वीरान दिल में बहार आ जाए।

~~

33.

चंद लफ़्ज़ों से कर ली,

उसने वो फासले फतेह,

जो मीलों साथ चल कर भी,

हम कर ना सके।

और अब तो ख़ुद से बातें

करने की आदत सी हो गई है।

वक़्त मशरूफ है हमसे

गुफ़्तुगु की कोशिश में,

पर तुम्हारी हँसी की खनक के बिन,

उन बातों में कुछ कमी सी है।

रोज़ रात को सोते हैं

तेरी यादों को कांधे पर समेटे,

और हर सुबह तेरी यादें,

बिस्तर की चादरों में सिल्वटो सी बसी सी है।

~~

34.

जब भी किसी रेत के टीले को देखता हूँ
तो दिल में एक ख़याल आता है,
अगर तुम साथ होती
तो इन्ही रेत से अपना एक जहाँ बनाता।

पर शायद किस्मत को ये मंज़ूर ना था
और अब तो इन्ही रेत के साथ
अपने बुने सपने
हर जगह बिखरे नज़र आते हैं।

~~

35.

एक रांझे के जुनूनियत को ना छेड़ ऐ ज़ालिम,
वो तो इश्क़ का मारा है,
जिसकी अश्कों की धारा में
तुम्हें उसकी हीर नज़र आएगी।

उस हीर की मोहब्बत में ही
छिपा है ऐसा कुछ खुमार,
कि इस पतझड़ के मौसम में
उसकी बदन की ख़ुशबू से,
सूखे पत्तों सी रांझे की दुनिया में
आ जाती है एक बहार।
~~

36.

मिथ्याओं के परे एक जहान और भी है,
मंज़िलों की तरफ बढ़ते तुम्हारे
क़दमों के निशान और भी है।

आज तुमको ख़ुद पर हो ना हो यकीन,
पर एक दिन तो तुमको चमकना है सितारों में,
आज इस बात का हम को गुमान और भी है।

~~

अधूरी कहानी

1

दिल के टूटे तार को
हम कैसे जोड़ें?
आँखों से बहती धार को
हम कैसे मोड़ें ?
हमें मालूम है
तुम अब किसी और की हो,
पर तुम्हारी एक झलक
पाने के इंतज़ार को
हम कैसे छोड़ें?
~~

2.

एक नई सोच के साथ
एक नया आसमान देखना है,
उम्मीदों के परे एक जहाँ देखना है,
अगर तुम दो साथ मेरा
तो होकर फ़ना देखना है।

~~

3.

इस ग़म में डूबी सर्द रातों की सुबह
कभी तो होगी,
अंधेरे पर रोशनी की फतेह
कभी तो होगी,
हम रहे ना रहे इस जमाने में
हमारी मोहब्बत की इबादत
कभी तो होगी।

~~

4.

उनके होकर भी ना होने का गम
क्या कम था ऐ ग़ालिब,
जो तूने लफ़्ज़ों में भी
उनकी ख़ुशबू पिरो दी है।

हम तो ये सोच कर ख़ुश थे कि
उनके चले जाने से हमें सुकून मिलेगा,
पर तेरे अल्फ़ाज़ों ने हमें
उनका और दीवाना बना दिया।

~~

5.

गर उनसे फिर एक बार
रूबरू होने की ख़्वाहिश न होती
तो ऐ ज़िन्दगी,
हमने अब तक कितनी दफा
तुझ से रवानगी की फरमाइश की होती।
~~

6.

तुझसे मोहब्बत कितनी है

ये शब्दों में क्या बयां करूँ

ऐ ज़िन्दगी,

तेरे हर एक दर्द पर

कभी तेरा साथ ना छूटे

बस यही दिल से दुआ निकलती रही।

कभी किसी दिन

तुम हमें देख कर भी मुस्कुरा दोगी,

इसी आस में रोज़

क़तरा-क़तरा जिए जा रहा हूँ।

~~

7.

हमारी मोहब्बत का आलम
तो देखो ए दोस्तों,
वह वहाँ कब्र में सोए हैं
और हम यहाँ
दुनिया की भीड़ में खोए हैं।
~~

8.

एक बार चलते-चलते
राह में मोहब्बत मुझसे टकरा गई
हँस के देखा और मुस्कुरा कर बोली,
मैं तो हूँ नहीं तुम्हारे पास
फिर किस गुमान में तू ख़ुश हो कर
जीए जा रहा है।

मैंने भी मोहब्बत को हँसकर देखा
और बोला ऐ मोहब्बत,
तूने कभी मेरे यार की बेरुखी को देखा है,
जिनकी रुसवाई के डर में भी
मेरा ज़िक्र छिपा है
अगर उनकी मोहब्बत होती
तो क्या आलम होता
इसी सोच में ख़ुश होकर जीए जा रहा हूँ।
~~

9.

एक धीमी सी आवाज़ है
जो लगती तो कुछ ख़ास है
पर देती एक एहसास है
कि इस भीड़ में भी मैं हूँ
और मैं ही भीड़ हूँ!
~~

10.

मेरे सपनों को ज़मीन कहाँ मिलेगी

जिसकी उड़ान में छिपा है ये आसमान,

कहने को तो तू रुबरु है लेकिन

कोई हाल-ए-दिल से पूछे

जिसमें छिपी है तेरी मोहब्बत की दास्तान।

~~

11.

जब से मेरे अल्फ़ाज़ों ने
ख़ुद को तेरे इश्क़ में रंग लिया,
कमबख़्त अमावस में भी मुझको
चाँद नज़र आने लगा है।

~~

12.

तुम्हारी एक बेरुखी ने इश्क़ में,
हम को ऐसा मदहोश कर दिया
कि ख़ुदा की इबादत करनी थी
और हमने मयखाने में पैमाना उठा लिया।

~~

13.

मेरी मोहब्बत को यू रुसवा
ना कर ऐ बेपरवाह,
हमने तो तेरी इबादत में
ये जहाँ ही छोड़ दिया।

~~

14.

तेरे जाने के बाद भी तेरी याद
बचपन के बोए दरख़्त की सूखी शाख की तरह
हर पल मेरे साथ होती है,
कमबख़्त ना तो इन्हें काट पाता हूँ
ना ही नए बीज बो पाता हूँ।

~~

15.

तेरे इश्क़ के मारे हैं
एक बार दीदार तो दे दे,
वापस मिलना हो ना हो
तेरी आँखों से झलकता प्यार तो दे दे।

~~

16.

कभी लफ़्ज़ों में, कभी अल्फ़ाज़ों में,
कभी दिल में बसे ख़यालों में,
एक पर्दे में छुपा के रखी है तेरी तस्वीर
जो बनी है दुनिया के लाख़ सवालों में।

~~

17.

बेखुदी का ऐसा आलम है ऐ हबीबी,
कि हमें भी पता नहीं
कि उस ख़ुदा की ख़ुदाई बड़ी
या तुम्हारी मोहब्बत की रुहानियत।
~~

18.

जिस मदहोशी से

हवा बनकर तुम बहती हो

कभी सोचा है तुम्हारे चले जाने से

इस दिल में बसे गुल-ए-गुलज़ार का क्या होगा!

~~

इश्क़ के रंग

1.

दिल की चाहत पर किसका इख़्तियार है,
चाहते हैं तुमको इतना,
कि तुझ से ही रंजिश है,
और तुम्हारा ही इंतज़ार है।

~~

2.

मेरा इश्क़ वो दरिया है,
जिसमें थाम के तेरा हाथ,
बहते हमें जाना है,
गर डूबे तो पार,
गर तैरे तो हर मंज़र यहाँ सुहाना है।
~~

3.

एक भीनी सी ख़ुशबू,
फैली है इन घटाओं में,
न जाने किसने इश्क़ का रंग,
घोला है इन फ़िज़ाओं में।

~~

4.

धीमा-धीमा दिल में कुछ दर्द सा,
क़तरा-क़तरा लहू में बहता एक जुनून,
तेरी उल्फत का अफसाना है,
करूँ तो क्या करूँ।
~~

5.

कुछ नींद में मिले से,

कुछ ख़्वाबों के रंग में घुले से,

मेरे बिस्तर की सिल्चटों में बसे से,

मेरी रुह में छपी तेरी परछाई है,

न जाने क्यों आज फिर तेरी याद आई है।

~~

6.

मेरे इश्क़ की चाहत को,
तेरे इश्क़ ने मारा है,
तू रूह में बसी है,
और दिल ये बेचारा है।

~~

7.

इश्क़ का हम पर छाया
कैसा ये खुमार है,
लग रहा होश में है हम,
और जमाने पर फैला
मदहोशी का बुखार है।

~~

8.

ये इश्क़ है हुज़ूर,
सँभाले ना सँभलने देगा,
आप लाख़ छुपा लो प्यार,
ये आँखों से बहकर कहेगा।

~~

9.

ये इश्क़ का फितूर है,
सर पर चढ़ता ज़रुर है,
गर हो ना यकीन तो ख़ुद से पूछो,
होठों से ना सही,
ये दिल से कहता ज़रुर है।

~~

10.

ये इश्क़ का खेल है,
दिल से बाज़ी है चलना,
गर जीते तो हारे,
गर हारे तो मुश्किल है सम्भलना।
~~

11.

ना ख़ुद से बेख़बर हूँ,

ना जमानें की नज़रों से अनजान हूँ,

तुझको हो ना हो यकीन,

मैं तो तेरी ही मोहब्बत की दास्तान हूँ।

~~

12.

कहने को एक शब्द है,

जिसमें छिपे कुछ भाव है,

चख लो तो एक नशा है,

रहने को पूरा एक जहाँ है,

ये मेरा इश्क़ है, इश्क़ है, इश्क़ है इश्क़।

~~

13.

इश्क़ का फ़ितूर है,
दिल के हाथों मज़बूर है,
हर मजनू को ठोकर लगी,
ये तो जमाने का दस्तूर है।
~~

14.

मेरी तो इश्क़ की जागीर है,

इसकी सरहदें कैसे बाँटोगे,

इस की लकीरें तो शायद,

मेरी रुह से शुरु होकर,

तेरे ही दिल में समा जाती हैं।

~~

15.

गर हो इश्क़,
तो नज़रों पे कर यकीन,
लफ़्ज़ों का क्या एतबार है,
कलेजा चीर के कर दे लहूलुहान,
लफ़्ज़ तो वो दो धारी तलवार है।

~~

16.

ख़ामोशी की अपनी एक जुबान होती है,
कुछ बातें नजरों से भी बयान होती है,
हर जज़्बात को शब्दों में ना तौलिए,
ये इश्क़ का खेल है नयनों से खेलिए।

~~

17.

हर ख़्वाब हो मुकम्मल
ये ज़रूरी तो नहीं,
तुझे शायद कभी छू न सके
इस बात का इल्म है हमें,
पर तुझसे मिलने की ना हो जुस्तजू
ऐसी मजबूरी तो नहीं।

~~

18.

मेरी रूह यूँ तो इस जहाँ में हैं गुरबत,

पर डरता है ये दिल इस कदर

उन के होने से फुरक़त,

कि बेजार सी इस ज़िन्दगी को

कांधे पे समेटे ये जिस्म,

किये जा रहा हैं इस जमाने से कुर्बत।

~~

19.

ऐ दिल ये तो बता कि ऐसा क्या ग़म है,
क्यों मेरे होंठ हैं मुस्कुराते पर मेरी आँखें नम है,
वक़्त का मुझ पर इतना एहतराम हैं,
फिर क्यों लगता है उस के बिन ये जीना हराम है।
~~

20.

ये इश्क़ की है ज़ुबान,
कोई रिवायत तो नहीं,
समझो तो है ख़ुदा,
ना तो कोई आयत तो नहीं।

~~

21.

चल एक बार फिर तेरी आगोश में खो जाते हैं,

कुछ पल को फिर से ज़िन्दा हो जाते हैं,

ये दिन तो क़र्ज़दार है इस जमाने का,

चल रात को सुकून के बचे किस्तों में सो जाते हैं।

***